NATIONAL GEOGRAPHIC

PLANETA
sediento

EDICIÓN PATHFINDER

Por Beth Geiger y Greta Gilbert

CONTENIDO

PLANETA

POR BETH GEIGER

SEDIENTO

Todos los días, los aldeanos de Marsabit, Kenia, se reúnen alrededor de un pozo de agua. Cantan mientras extraen agua desde las profundidades de la tierra. Como hay poca, cada uno puede llenar sólo un cántaro grande.

El milagro del agua

El agua cubre el 70 por ciento de la superficie de la Tierra, ¿entonces por qué las personas de Marsabit luchan por obtener la suficiente? No podemos utilizar la mayor parte del agua de la Tierra. Casi un 97 por ciento es agua salada o no potable, y otro 2 por ciento está encerrado en los glaciares y los casquetes polares. Esto deja solo un 1 por ciento para las plantas, los animales y las personas, que dependemos del agua dulce para vivir.

Cada gota de agua está en constante movimiento. El agua que bebemos se encuentra en estado líquido, pero el agua también puede encontrarse en estado sólido o gaseoso. No importa el estado en que se encuentre el agua, toda ella está conectada. Constantemente se mueve en un ciclo interminable, por encima de la Tierra, por sobre la Tierra y a través de ella.

Por ejemplo, cuando el Sol calienta el océano, el agua se **evapora** y sube hasta el cielo en forma de **vapor**. El vapor forma nubes. Más tarde, el vapor **se condensa** y cae en forma de lluvia o nieve. ¡Y entonces te enteras de que tienes que pasar el recreo adentro!

La lluvia y la nieve mojan los patios de las escuelas, los estadios de fútbol y los parques. El agua se filtra al suelo y también cae en arroyos y ríos, desde donde vuelve a desembocar en el océano.

Agua congelada. *Hay agua dulce atrapada dentro de este iceberg en la Antártida.*

Apagando la sed

El agua se ha reciclado de esta manera durante millones de años. La cantidad de agua de nuestro planeta nunca cambia. Hay la misma cantidad desde que se formó la Tierra. El agua que sale del grifo hoy podría ser la misma que bebieron los dinosaurios hace ya mucho tiempo.

Todos los seres vivos necesitan agua para sobrevivir, incluidas las plantas. En el caso de algunas plantas, las raíces absorben agua del suelo. En otras, las hojas y los tallos absorben agua. En un día caluroso de verano, un abedul sediento puede absorber 300 litros (80 galones) de agua del suelo. Luego, el árbol puede liberar la misma cantidad al aire en forma de vapor.

En los lugares secos, las plantas deben aprovechar hasta la última gota. Un cactus del desierto lo hace almacenando agua en sus hojas. Otras plantas "hibernan", o se vuelven inactivas, durante las épocas muy secas. Cuando finalmente llega la lluvia, vuelven a la vida con un estallido de color y crecimiento.

Las plantas también usan el agua para esparcir sus semillas. Los ríos y los océanos son autopistas de semillas. Pueden transportar las semillas de las plantas a través de bosques y selvas, atravesar desiertos y llegar a nuevos continentes.

Algunas plantas tienen semillas flotantes. El coco, por ejemplo, tiene un recubrimiento leñoso impermeable que le permite flotar en agua salada durante períodos prolongados. Cuando finalmente llega a tierra, puede echar raíces.

Un poquito cada vez

Si hay agua, seguramente habrá animales. El agua ayuda a los animales a ingerir nutrientes, eliminar desechos y mantenerse frescos en los días calurosos. A veces, el agua es difícil de encontrar, por lo tanto, los animales deben **conservarla**, o guardarla.

Los camellos pueden pasar largas temporadas sin beber agua, en ocasiones hasta seis meses. Una de las maneras en las que el camello ahorra agua es evitando sudar. ¿Cómo? El camello puede simplemente cambiar su temperatura corporal durante la parte más calurosa del día. De esta forma, al no tener que sudar para enfriarse, ahorra agua.

Los camellos no son los únicos animales que manejan el agua de manera única. La rata canguro obtiene prácticamente toda el agua que necesita de las plantas que come.

Piscina de hojas. *Esta madre rana crea un hogar para sus renacuajos en el agua que se acumula en las hojas de una planta.*

Hogares acuáticos

Los animales no solo se arrastran, caminan, reptan o vuelan hasta el agua; muchos viven *en* el agua. Por lo tanto, los hábitats de agua dulce son clave para su supervivencia y la de millones de animales acuáticos, desde el minúsculo zooplancton a las enormes ballenas.

Algunos, como los peces, solo pueden sobrevivir en el agua. No tienen pulmones para respirar aire. Por lo que morirían si no contaran con un hogar acuático. Otros, como las ranas, los sapos y muchos insectos, dependen de los hábitats de agua dulce durante partes de su ciclo de vida.

Por ejemplo, tomemos a la rana punta de flecha. Esta rana de la selva tropical aprovecha el agua para criar a su progenie. En primer lugar, nacen los renacuajos y se suben a la espalda de su madre. Luego, ella se los lleva a lo alto de un árbol en busca de un tipo de planta especial. Cuando encuentra la planta, coloca a cada pequeño renacuajo en un charquito de agua que se forma entre las hojas. Estas pequeñas piscinas elevadas protegen a los renacuajos de los depredadores hasta que crecen hasta ser ranas y bajan saltando de las crestas de los árboles.

Además, otros animales se alimentan de las criaturas que viven en los hábitats de agua dulce. Sin ellos, estos animales morirían de hambre.

Agua almacenada. *Este cactus del desierto almacena agua durante los períodos secos.*

Dándole uso

Desde luego, tú también necesitas agua. La bebes, la usas para bañarte, para tirar la cadena, para lavar, para regar el jardín y probablemente también para divertirte.

En su hogar, los estadounidenses usan un promedio de aproximadamente 380 litros (100 galones) de agua dulce cada día. Los europeos usan aproximadamente la mitad. En Marsabit, donde las personas dependen de pozos, cada persona debe arreglárselas con 19 litros (5 galones) por día.

Las personas usan todavía más agua para fabricar cosas. Fabricar tu escritorio, el lápiz e incluso este libro requiere agua.

Lo que más agua consume es cultivar alimentos y criar ganado. Para hacer crecer una libra de papas, se necesitan 117 litros (31 galones) de agua. El ganado y las vacas requieren todavía más agua. Se necesitan 2400 litros (630 galones) para "hacer crecer" una hamburguesa, y eso sin contar el trigo para hacer el pan ni los tomates para el ketchup.

Agua, agua en todas partes

Con tanta demanda al suministro de agua dulce, ¿hay suficiente? A pesar de que la Tierra no se está quedando sin agua dulce, esta no siempre está al alcance de las personas cuando y donde la necesitan. Algunos lugares tienen demasiada agua y otros no tienen la suficiente.

De hecho, la mitad del suministro mundial de agua dulce se concentra en seis países: Brasil, Canadá, Rusia, Indonesia, China y los Estados Unidos. Las personas de Groenlandia también tienen agua más que suficiente. Aunque allí solo viven 60.000 personas, cada uno tiene acceso a millones de litros de agua por día.

Sin embargo, las personas de lugares como Marsabit luchan por obtener el agua que necesitan. En algunos lugares del mundo, las personas deben caminar muchos kilómetros por día para conseguir agua. Luego deben acarrearla de vuelta hasta sus hogares. Con frecuencia, esta agua está contaminada y beberla puede hacer que las personas se enfermen.

Seco como un desierto. *No se puede tener césped en Salton City, California. Este vecindario vive del agua que se bombea desde el río Colorado.*

Úsala con sabiduría.
Dos hermanas en una zona remota de Australia limpian el barro de un abrevadero.

Aprovechando cada gota

Para resolver estos problemas, las personas están recurriendo a la creatividad. Algunos carruseles de África usan la fuerza de los niños para bombear agua limpia desde abajo de la tierra.

En otros lugares, las personas conservan el agua minuciosamente. Para algunos australianos, es bueno usarla dos veces. El agua de la ducha no va directo al drenaje. En lugar de eso, la recolectan en baldes y la usan para regar las plantas. ¿Puedes pensar en formas de conservar el agua tú también? Si todos ahorramos un poquito, entre todos podemos ahorrar un montón.

Vocabulario

condensar: cambiar a un estado más denso

conservar: usar sin desperdiciar

evaporar: cambiar de estado y convertirse en vapor o gas; a secar

vapor: sustancia en forma de gas

¿Cuántos galones se necesitan para...?

En casa
tirar de la cadena? 8 a 26 litros (2 a 7 galones)

cepillarte los dientes? 8 litros (2 galones) si dejas correr el agua todo el tiempo

En una fábrica
hacer una camiseta de algodón? 2900 litros (766 galones)

hacer un par de vaqueros? 10.978 litros (2900 galones)

En una plantación
cultivar una libra de fresas? 125 litros (33 galones)

cultivar una libra de manzanas? 318 litros (84 galones)

NOTA: Las cifras corresponden a los Estados Unidos

LOS CAMINOS DEL AGUA

Tiene muchos nombres: aqua, vida líquida, oro azul. *Sin embargo, la mayoría de las personas la conocen por su nombre común:* agua.

Es lo que hace crecer las plantas y fluir los ríos. Te nutre por dentro y te limpia por fuera. Es el hogar de casi la mitad de las criaturas de la Tierra e incluso se considera un signo de vida en otros planetas. El agua tienen una importancia vital. Entonces, ¿de dónde viene y adónde se va?

La respuesta es simple: el agua de la Tierra siempre está en movimiento. Se desplaza de los océanos al cielo. Cae del cielo y llena arroyos, ríos, bahías y océanos. Se filtra debajo de la tierra y se evapora en el aire. Incluso se desplaza a través de las plantas. Aquí tienes una sorpresa: cada vez que exhalas, envías agua al aire.

La travesía sin fin del agua desde la tierra al cielo y de regreso a la tierra se llama el ciclo del agua. Tal vez sería mejor llamarlo el reciclado del agua. Cada gota de agua se usa, se vuelve a usar y se usa una vez más.

El agua que hay en la Tierra en la actualidad es toda el agua que jamás tendremos. No hay más. Por eso depende de ti hacer lo posible por cuidarla.

A medida que se eleva, el agua evaporada se enfría y se condensa. Las gotas de agua forman nubes.

El calor del Sol hace que el agua de la superficie de la Tierra se evapore, o pase a estado gaseoso. El vapor de agua se eleva en el aire.

El agua cae de las nubes en forma de precipitación.

Las corrientes de aire mueven las nubes alrededor de la Tierra.

La nieve derretida y la lluvia fluyen hacia los arroyos, ríos y lagos. El agua también se filtra bajo la tierra.

El agua subterránea y la de la superficie fluyen hacia los océanos.

ALGUNAS IDEAS
refrescantes

Por Greta Gilbert

Para el año 2025, aproximadamente dos mil millones de personas vivirán en lugares donde el agua es escasa....

...¡Eso es casi un tercio de la población actual de la Tierra! Sin embargo, aún hay esperanza. Las personas de todo el mundo están trabajando para desarrollar nuevas tecnologías para atrapar el agua. Aquí podrás ver algunas de sus refrescantes ideas.

Agua capturada

En muchos lugares del mundo, el ciclo del agua es a veces violento. En partes de la India, por ejemplo, la lluvia cae toda en un solo momento, en una inundación gigante. En la actualidad, las personas de la India están intentando hacer más lento ese ciclo. Capturan el agua en trincheras antes de que pueda escurrirse. Sus esfuerzos han aumentado el rendimiento de las cosechas y han mejorado las vidas de los granjeros.

Agua del aire

A veces la niebla es tan húmeda que parece que podrías beberla. En la actualidad, muchas personas lo están haciendo. Los proyectos para atrapar la niebla se están arraigando en muchas comunidades pequeñas alrededor del mundo. Redes en capas capturan la niebla y recolectan las pequeñas gotas de agua, que entonces se desplaza a través de tuberías a tanques de almacenamiento. ¡Esa sí que es una niebla fantástica!

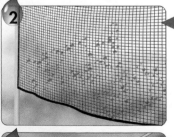
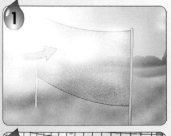

Agua del agua ▲

En algunas partes del mundo, más del 10 por ciento de las muertes se producen como consecuencia del agua contaminada. Hay un nuevo método de potabilización del agua que está ayudando a reducir esa cifra. El método es simple: llena una botella con agua y déjala al sol durante seis horas. Eso es tiempo suficiente para que la radiación solar natural mate virus, bacterias y otros organismos que hacen que el agua sea insalubre.

Agua del cielo ▶

¿Alguna vez has intentado beber la lluvia? Entonces has cosechado agua de lluvia: ¡con tu boca! Cosechar agua de lluvia es algo que los techos también hacen muy bien. Los techos reúnen el agua de lluvia en canaletas y la dirigen a tanques de almacenamiento a los que las personas pueden acceder en cualquier momento. La idea de "cosechar" la lluvia ha estado en circulación durante mucho tiempo, pero últimamente se está arraigando.

Conocimiento acuático

¡Responde estas preguntas sobre el agua y deja fluir tus conocimientos!

1 ¿Cómo se convierte el agua del océano en agua de lluvia?

2 ¿Qué pruebas presenta la autora Beth Geiger para apoyar su postura de que las personas usan el agua de diversas formas?

3 ¿Por qué debemos cuidar el agua?

4 Menciona dos formas en que el agua dulce llega a los océanos. ¿De qué otra manera puede llegar el agua a los océanos?

5 ¿Qué han hecho las personas para atrapar agua en estado gaseoso?